AF554268

L27n
3926

STOFFLET

ET

LA VENDÉE

PAR

EDMOND STOFFLET

PONT-A-MOUSSON

TYPOGRAPHIE BORDES, RUE SAINT-LAURENT, 66

—

1868

STOFFLET

ET

LA VENDÉE

PAR

EDMOND STOFFLET

PONT-A-MOUSSON

TYPOGRAPHIE BORDES, RUE SAINT-LAURENT, 66

—

1868

A

MONSIEUR DE COLBERT

MARQUIS DE MAULEVRIER

HOMMAGE RESPECTUEUX

DE L'AUTEUR.

AVANT-PROPOS

L'histoire de Stofflet est inséparable de l'histoire de la Vendée; car ce paysan lorrain vendéénisé (*) a été de tous les combats de la grande insurrection: il prit les armes en même temps que Cathelineau, et lorsqu'il mourut criblé des balles révolutionnaires, la grande guerre finit.

J'essayerai de dire ce que fut la Vendée et ce que Stofflet a fait pour elle. Ce sera plus qu'une biographie : ce sera le récit des événements extraordinaires de cette immortelle époque, de cette époque unique

(*) Jean-Nicolas Stofflet, garde-chasse du château de Maulevrier, Général en chef des armées vendéennes, Maréchal de camp et Chevalier de Saint-Louis, naquit à Bathelémont-les-Bauzemont (Meurthe) en 1750, et fut fusillé à Angers en 1796. On a remarqué que, dans l'espace de deux ans, Stofflet a livré plus de cent-cinquante combats dans lesquels il fut le plus souvent vainqueur. Il s'acquit la réputation de chef le plus intrépide de l'armée catholique. Lorsqu'on marchait au combat, les Vendéens demandaient : « M. Stofflet est-il en avant? » Quand la réponse était affirmative, plus sûrs même de leur courage, ils s'élançaient sans crainte.

dans la vie des peuples. « La guerre de la Vendée, dit le général Foy, a revêtu d'une splendeur incomparable quelques pages de notre histoire. On n'a vu nulle part ailleurs tant de noble vaillance et une pareille unanimité de dévouements (*). » Parmi ces dévouements je m'attacherai à mettre plus particulièrement en lumière celui de Stofflet, qui ne fut pas des moindres.

Cela explique le titre de l'ouvrage.

Mais avant de mettre la dernière main à l'œuvre, je souhaiterais m'assurer de mes forces; je voudrais être sûr que, dans ma jeune inexpérience, je ne me suis pas trompé sur les sentiments intimes de la catholique et royale Vendée; je voudrais que l'on me dise si j'ai bien compris son héroïque et sublime sacrifice. C'est pour arriver à ce but que je détache de l'**Introduction** ces quelques pages qui la résument et qui disent assez quel esprit dictera tout l'ouvrage. Que l'on ne cherche donc pas ici une étude complète : je n'indique que les rares jalons lancés en avant pour me guider dans la voie.

J'attends humblement les leçons de la critique, les conseils et les renseignements de la bienveillance; promettant d'user avec franchise et reconnaissance de tous les avis que je croirai dictés par un amour sincère de la vérité.

Vaillant pays, généreuse Vendée, objet de tendresse et de haine, je t'aime! C'est pour toi que j'ose écrire;

(*) *Histoire des Guerres de la Péninsule*, tom. I.

pour toi je serais content de mourir! Me voici avec mes titres d'adoption : mon cœur dévoué à ta sainte cause, mon nom qui est déjà l'un des tiens, et ce premier livre qui doit célébrer tes vertus, tes gloires et tes souffrances. Compte-moi au nombre de tes fils. O Mère, je suivrai leurs nobles traces; comme eux je prendrai toujours pour boussole l'honneur, et pour ancre la foi!

Et toi, brave Stofflet, du haut des cieux où t'a conduit ton martyre, daigne abaisser tes regards sur les héritiers de ton nom; protége-les. Comme toi, ils sont pauvres; mais ils sont heureux de ta gloire et fiers de tes principes. La postérité te doit son admiration; mais nous, nous te devons un sentiment plus tendre, nous devons chérir et adorer ta mémoire!

Puisse ton illustration faire accueillir favorablement ces pages, dont l'idée fut conçue dans les champs où tu as vaincu, et au pied des monuments que t'ont élevés les dignes et vertueux fils de tes maîtres!

Gloire immortelle à la Vendée! Gloire à ses héros!

STOFFLET ET LA VENDÉE

INTRODUCTION

Topographie de la Vendée. - Mœurs de ses habitants. Causes de l'Insurrection.

Sous la dénomination glorieuse de Vendée, l'histoire entend toute la contrée au sud de la Loire, où la guerre a sévi avec le plus d'intensité.

Ses limites sont : au nord, le cours sinueux et enchanté du fleuve, de Saumur à Nantes ; au couchant, les territoires marécageux des côtes de l'Océan et l'Océan lui-même ; au sud et à l'est, une ligne qui, partant des Sables, descendrait à Luçon et à Fontenay, pour remonter ensuite vers le nord par Parthenay, Thouars, et enfin aboutir à la Loire, à Saumur. Cet espace à peu près circulaire embrasse une partie de chacun des départements de la Loire-Inférieure, des Deux-Sèvres, du Maine-et-Loire et de la Vendée, formés du Bas-Poitou, de l'Anjou et du Comté Nantais. C'est dans le département de la Vendée que les insurgés obtinrent d'abord les succès les plus importants : on les appela *Vendéens*, et bientôt ce nom, illustré par la victoire et consacré par le martyre, s'étendit à tous ceux qui avaient pris les armes dans ce pays.

Il faut donc se garder de confondre les *Vendéens* avec les *Chouans* qui se rendirent si terribles sur la rive droite de la Loire, en Bretagne, lorsque déjà les guerres de Vendée avaient brillé de leur immortel éclat.

Assurément la guerre s'est étendue au-delà des limites que je viens de tracer, mais par des incursions seulement.

I

La Vendée se partage en trois régions naturelles : le Bocage à l'est ; le Marais, le long des côtes à l'ouest et au sud ; la Plaine entre les deux. La vraie Vendée est renfermée dans le Bocage ; c'est le pays de l'insurrection et du dévouement sublime.

Lorsque franchissant la Loire, le voyageur pénètre dans l'intérieur du *Bocage*, un aspect gracieux, tout nouveau, et qui ne se rencontre nulle part avec le même éclat, s'offre à ses yeux surpris et charmés. C'est un assemblage de hautes collines ne se rattachant à aucune chaîne de montagnes, qui se profilent en une myriade de croupes mollement arrondies, qui se croisent, s'entrelacent, se coupent, se rattachent, se poursuivent indéfiniment, se superposent, ondulent dans tous les sens et forment une multitude de vallées resserrées et profondes. On rencontre partout de pittoresques rochers de granit déchiquetant en mille façons, sur la verdure joyeuse, leurs poses infinies, capricieuses et fantasmagoriques souvent. Trois ou quatre rivières : le Thouet, la Sèvre-Nantaise, qui est la plus importante et partage le pays en deux parties à peu près égales ; la Lay et la Vendée, se frayent un passage à travers les collines aux sites agrestes ou fleuris : ici, elles roulent leurs flots rapides et bruyants sur un lit de rochers ; plus loin, elles coulent à pleins bords, se promènent et serpentent au milieu de belles prairies ; là, plus encaissées, elles suivent lentement entre deux rangées d'aulnes, ramassant à droite et à gauche de forts petits ruisseaux qui suivent les pentes et les sinuosités des vallées, et dont les eaux limpides et gaies çà et là scintillent à travers le feuillage.

Mais voici ce qui fixe plus vivement l'attention, ce qui même donne à ce pays une force défensive immense. Le Bocage, comme l'indique son nom, est couvert d'arbres, et pourtant on y voit peu de grandes forêts. Le sol est tout entier partagé en très-petites parcelles, et il n'y a pas un champ, pas une prairie qui ne soit entouré d'une haie vive, large, haute, épaisse, plantureuse, impénétrable, où les genêts, les ajoncs épineux, les ronces, les houx, les chênes s'entremêlent : on ne peut même voir au travers de cet épais fourré. La haie s'appuie sur des arbres plantés irrégulièrement et fort rapprochés. Ces arbres croissent en liberté, selon les caprices de la nature et les bizarreries de l'espèce : les uns, élevés de douze à quinze pieds, sont couronnés d'une touffe de rejetons vigoureux ; les autres s'élancent fièrement dans les airs. Le Bocage n'est pas sillonné par de grandes routes ; deux seulement, l'une qui va de Nantes à La Rochelle, l'autre qui conduit de Tours à Bordeaux, traversent ce pays, laissant entre elles un intervalle de plus de trente lieues, où des chemins étroits, creux et abrupts, des sentiers très-profondément encaissés relient les uns aux autres les petits bourgs, les fermes, les hameaux épars, peu nombreux et quelquefois très-éloignés ; car il n'y a point de grandes villes dans le Bocage. Les chemins vendéens sont de vrais fossés tortueux, ou des ravines profondes ; toujours peu distants et enfoncés entre des talus élevés en parapets, ils font de chaque morceau de terre une redoute, et de tout le pays une vaste surface encombrée de retranchements naturels et sûrs. Ils sont raboteux en été ; en hiver ils se convertissent en ruisseaux et en torrents. Souvent, les arbres des haies qui forment leur bordure indispensable, joignant leurs rameaux touffus, les recouvrent, les assombrissent et les dérobent sous une espèce de berceau. Au bout de chaque champ se rencontre un carrefour qui laisse le voyageur dans l'incertitude du chemin qu'il doit prendre, et que rien ne lui indique. Les habitants eux-mêmes s'égarent fréquemment, lorsqu'ils veulent aller à deux ou trois lieues de leur séjour.

Le Bocage est peu fertile en grains. Souvent des champs assez étendus restent longtemps incultes ; ils se couvrent alors de grands genêts ou d'ajoncs spinescents. Les terres les mieux cultivées mêmes sont entremêlées de bois, de marais, d'étangs et de landes rocheuses.

L'hiver, lorsque le sol est jonché de feuilles sèches et que les ruisseaux gonflés deviennent des torrents ; lorsque l'horizon, voilé par la brume, se revêt de teintes bleuâtres, ou que la neige blanchit les coteaux, la physionomie du pays est profondément triste. Mais, aux premières effluves du printemps, une transfiguration complète s'opère. Les brises de l'Orient chassent les brouillards vers la mer, le ciel s'épure, les campagnes rajeunies se nuancent de mille couleurs. Alors, quittez l'étroit vallon, montez sur une hauteur et promenez vos regards partout aux environs. Vous n'apercevez qu'une immense forêt ; tout se perd dans le feuillage ; la contrée paraît toute verte, mais d'une verdure mouvante comme les flots, et dont les teintes changeantes se varient à l'infini sans se répéter jamais. Seulement, de loin en loin, surgissent et se montrent entre les haies, pour éclairer le paysage, quelques carreaux de blé qui ondulent, ou des champs immenses de genêts fleuris, qui couvrent les flancs des collines et en forment comme de vastes réseaux d'or. La silhouette sévère des châteaux dont le pays est peuplé, la fumée qui s'élève d'une métairie, le toit rouge et aplati de quelque bâtiment, la cime roulante d'un moulin à vent ou la pointe d'un clocher qui s'élève au-dessus des branches, vous révèlent seuls les habitations. Presque toujours cet horizon est très-borné ; quelquefois il s'étend à trois ou quatre lieues. Rarement on trouve des hauteurs assez élevées au-dessus des autres coteaux pour servir de point d'observation et commander le pays. Le Bocage est un vrai labyrinthe.

Les Vendéens de 1793 surent fort habilement user contre les troupes régulières qu'on leur opposait des chemins creux, des haies épaisses et élevées, qui découpent à profusion tout le pays ; il en tirèrent pour leur défense des moyens infaillibles et uniques, dont la raison est toute naturelle.

Si courtes que dussent être les expéditions, les armées menaient avec elles des vivres ; elles traînaient des caissons, des munitions, des canons ; une longue file de voitures s'engageait dans ces gorges sans fin, où même la seule voie qui existât n'était pas toujours assez large. Qu'on se trompât de chemin, on ne pouvait plus revenir sur ses pas ; qu'une voiture se brisât, tout le convoi était forcé de s'arrêter ; qu'une déroute survînt, et alors vivres, munitions, canons, tout restait dans les boues.

Et l'ennemi où était-il ? Dans ce pays si couvert, si hérissé de haies et de bois, l'ennemi était invisible ; mais en pleine marche, et quand il semblait qu'on n'eût aucun péril à redouter, un cri se faisait entendre, et cet ennemi qu'on cherchait sans pouvoir le trouver, on l'avait devant soi, sur ses flancs, et jusque sur ses derrières.

La politique méfiante et l'industrie qui transforme tout, ont enlevé à ce petit pays, que tant de dévouement et de gloire ont rendu à jamais fameux, une partie de sa redoutable parure : on a coupé ses haies, on a percé ses bois, on a dompté son sol, on l'a sillonné de grandes routes. Pourtant, aujourd'hui encore, il garde beaucoup de cette physionomie pittoresque d'avant la Révolution.

On n'y admire nulle part les imposants et tragiques accidents de terrain ; mais toutes les grâces délicates et fraîches, tous les caprices aimables, tous jeux naïfs de la nature, semblent s'y être donné rendez-vous. Je n'ai rien vu encore, et je doute pouvoir rencontrer jamais rien d'aussi coquettement, d'aussi originalement beau que le Bocage.

Le Bocage traversé, le terrain s'abaisse vers le sud. La scène change : plus de collines, plus de creux vallons, plus de gais ruisseaux, plus de haies sombres, plus d'arbres au riche feuillage : une surface tout unie où l'œil saisit à peine les légères ondulations que les vagues, en reculant vers la mer, ont laissé empreintes sur la vase, comme un souvenir de leur séjour, un sol argileux et sec, des maisons groupées en village, tel est le spectacle qui s'offre à la vue. On est entré dans la *Plaine* de la Vendée.

Aux limites de la Plaine, en remontant un peu au nord-ouest, du côté de l'Océan, l'eau ne court plus, les rivières manquant de pente semblent s'arrêter ; bientôt même elles sortent de leur lit, se répandent et couvrent une surface immense qui s'étend des environs de Saint-Gilles jusqu'à Bourgneuf. C'est le *Marais* ; c'est une conquête de l'homme sur les éléments. Il n'y a guère plus de deux siècles, l'Atlantique envahissait encore cette contrée et en faisait un golfe. Peu à peu, autour des îles nombreuses accumulées à la gorge, le limon s'amoncela et forma un vaste atterrissement ; des digues en terre, élevées par la main des hommes, aidèrent au travail de la nature, et la communication de la mer avec le fond du golfe finit par être interceptée. Par suite, la partie la plus haute du Marais se trouve être celle qui borde l'Océan, tandis que la plus basse côtoie le sol primitif. Des saignées profondes, des canaux innombrables desséchèrent le terrain abandonné, ou parquèrent les eaux que l'on ne pouvait rendre à la mer. Les fermes sont très-multipliées sur ce sol fécond.

La multitude des canaux dont est coupée cette petite partie du théâtre de la guerre, remplace les chemins du Bocage, et offre des moyens de défense analogues quoique différents dans leur nature. Le Marais, surtout la partie basse, n'est pratiquable que durant les mois de chaleur. Mais le paysan sait merveilleusement s'y créer des chemins. Monté dans un batelet long et effilé, auquel il donne le nom de *niole*, et qu'il manœuvre avec une dextérité incroyable à l'aide d'une longue perche qu'il appelle sa *ningle*, il se promène sans entraves sur les canaux, par tous les replis de son dédale marécageux. Si on le poursuit, appuyé sur sa ningle, il franchit d'un bond son canal ou ses larges fossés, et bientôt entre lui et son ennemi il a mis d'infranchissables barrières.

Les habitants du Marais, comme ceux de la Plaine, prirent à l'insurrection une part moins grande que ceux du Bocage.

II

La Vendée, si pittoresque, diffère plus encore par les mœurs de ses habitants, que par son aspect, des autres provinces de la France.

Quand éclata cette grande Révolution qui devait faire le tour du monde, pour y semer partout le trouble afin de se donner un prétexte de prêcher la paix, cette contrée était un pays tout à fait à part dans le royaume, quant à l'avancement de l'état social, et la province de France où le temps avait le moins altéré les anciennes mœurs. L'absence de grandes communications l'avait tenue à l'abri de cet esprit de nouveauté, de ce besoin de bruit, de cette soif de bouleversement qui tourmentait alors les masses ;

aucune de ces idées de rénovation, de réforme, aucune de ces idées enivrantes, que l'on a nommées la philosophie du XVIIIe siècle, — et qui constituent, dit-on, le progrès, — n'avait encore eu de retentissement dans ces campagnes paisibles, retirées et presque ignorantes.

Là, le peuple heureux était attaché à son sort et ne souhaitait pas le changer ; il entrevit même avec chagrin, avec crainte, toutes ces innovations qui ne pouvaient que troubler son bonheur loin d'y ajouter. Il ne comprit point dès l'abord, et il ne devait pas tarder à poursuivre de sa haine une Révolution dont il n'avait aucun besoin, et qui, au lieu de lui être utile, le blessait cruellement dans sa foi religieuse, dans ses plus chères affections et dans ses plus douces habitudes. Même à simple titre de nouveauté, la Révolution lui aurait déplu.

C'est que dans cette Vendée, jadis si méconnue, aujourd'hui si célèbre, l'antique régime féodal, si rude, si blessant, si insoutenable ailleurs, s'était empreint d'un caractère plein de douceur, tout patriarcal et théocratique. Il n'avait rien qui froissât les susceptibilités les plus extrêmes, rien qui pût exciter l'envie et appeler la tempête.

Les prêtres, modestes, simples, d'une grande pureté de mœurs, d'une piété pleine de conviction, d'une sévérité douce, d'une charité inépuisable, exerçaient dans les campagnes de la Vendée un ministère tout paternel. La richesse n'avait ni corrompu leur caractère, ni provoqué la critique sur leur compte, comme dans presque tout le reste de la France, en ces temps-là.

Les nobles, quels que fussent leur rang et leur fortune, étaient moins les maîtres que les amis des paysans, leurs vassaux ; ils vivaient avec eux dans une sorte d'égalité, d'union inconnue ailleurs, de familiarité même, qui n'ôtait rien au respect, qui n'excluait pas les égards ni le sentiment du devoir, et ajoutait au dévouement. Le noble riche divisait ses terres en petites métairies de cinq à six cents francs de revenu, et confiait chacune à une seule famille qui partageait avec lui le produit des bestiaux : par ce système de fermage, il y avait communauté d'intérêts, et des rapports continuels et faciles s'entretenaient entre les seigneurs et chaque famille. Souvent le *maître* (les Vendéens aiment à nommer ainsi leur bienfaiteur), devait visiter ses métairies, causer avec ses *gars* de leur position, du soin de leur bétail ; il prenait part à des succès qui étaient les siens, à des malheurs ou à des accidents qui lui portaient aussi préjudice. Les gentilshommes n'étaient que les premiers entre les paysans ; ceux-ci étaient domestiques et non serfs, et domestiques dans le sens le plus honorable du mot, c'est-à-dire *de la maison* du maître.

La plupart des nombreux châteaux vendéens étaient bâtis sans magnificence et meublés de même ; mais ils étaient les tabernacles de la charité ; ils donnaient à la chaumière l'exemple de la plus exquise piété, et encourageaient à la pratique de toutes les vertus qui rendent heureux. Les castels hospitaliers, toujours retentissants des sons joyeux du cor, étaient ouverts à tout venant, aux amis, aux voisins, au bon curé de la paroisse, aux métayers en sabots et surtout aux pauvres, qui trouvaient dans le grenier le blé qui leur manquait, dans la forêt le bois de l'hiver, auprès de la gracieuse châtelaine les vêtements de laine ou de lin nécessaires à leurs enfants. Pas une infortune que le noble seigneur ne secourût à plusieurs lieues à la ronde ; pas une douleur qui ne cherchât auprès de lui une consolation. Tous venaient, souvent même sans le connaître personnellement, parce qu'ils le savaient bon, parce qu'il avait au service de tous sa bourse, ou une bonne parole. Les uns lui demandaient d'être le parrain de leurs enfants, d'autres de conduire leurs filles à l'autel, d'assister au dîner de famille ; les métayers, de les attendre dans les jours mauvais ou d'établir leurs enfants, et jamais il ne refusait. Aussi n'y avait-il pas une joie de famille, pas un chagrin de cœur qui n'eût son retentissement du château à la chaumière. Avec ses goûts simples et bons, le gentilhomme quittait peu le pays où il était tant aimé ; si parfois les hasards ou les nécessités de la vie l'attiraient au milieu des tumultes de la grande ville, il avait hâte de revenir à l'antique manoir de ses aïeux pour y terminer en paix sa carrière, entouré des heureux qu'il avait faits.

Le paysan vendéen a la figure encadrée de longs cheveux bruns ou noirs ; elle est le plus souvent pâle, mais les lignes en sont vigoureusement accentuées ; son regard a de la profondeur et de l'éclat ; son nez est arqué et effilé ; sa taille est moyenne ; ses membres n'ont rien d'herculéen, mais sa constitution n'en est pas moins robuste, et, grâce à la sobriété sévère de sa vie et aux labeurs qu'il s'impose, les plus rudes fatigues ne l'effrayent ni ne l'énervent.

Ses mœurs sont pures et touchantes, ses habitudes sont simples et douces, ses sentiments nobles et élevés, ses affections stables, ses promesses sacrées, ses impressions fortes et tenaces ; il n'oublie jamais. Il accorde difficilement sa confiance ; mais une fois le don fait, c'est pour la vie : il la prodigue alors sans restriction ni réserve ; mais jamais parole servile ne se mêle à l'expression de son dévouement. Le plus pauvre paysan connaît sa dignité ; il porte haut la tête et le cœur ; il sait ce qu'il vaut et ce qui lui est dû. Il sait qu'en pressant la main qui lui est offerte par son seigneur même, il honore autant qu'il est honoré, et ses hommages ne sont jamais rendus qu'à la vertu, la bienfaisance et la bonté. Partout ailleurs, quand la reconnaissance est étrangère à l'accomplissement du devoir, il passe et s'éloigne en silence. Parfois, il pousse plus loin l'indépendance. Libre et sincère, il ne cache ni à lui ni aux autres la vérité. Si un gentilhomme a failli : « Ce que vous avez fait n'est pas beau pour un noble, » lui avoue-t-il dans sa rude franchise. On en a entendu dire à leur général : « Vous avez été un peu lâche à tel choc ; » et personne ne peut taxer ces jugements d'injustice ou d'irréflexion. Le Vendéen est l'homme du devoir par excellence. Mais il est défiant, taciturne, sauvage quelquefois ; il s'alarme de tout ce qui est nouveau et redoute l'étranger. Isolé au milieu de ses champs bordés de haies touffues et au fond des gorges agrestes de ses vallons, il est ordinairement sérieux et mélancolique ; ses chants même ont quelque chose de languissant et de plaintif, soit qu'il glorifie quelque saint vénéré dans un pieux cantique ; soit que, dans une longue série de couplets inspirés à des bardes de village, couplets où la naïveté de l'expression le dispute quelquefois à la sublimité de la pensée, il rappelle à quelque jeune mariée tous les sacrifices auxquels elle doit se résigner ; soit qu'il gourmande ses bœufs : *Châtain*, *Rougeau*, *Moreau* et *Charbonnier*, dans un de ces refrains monotones dont il berce ses ennuis en traçant les sillons.

Nul ne porte plus haut que le gars vendéen l'amour du sol natal. Il ne connaît guère d'autre patrie que sa paroisse. Il ne quitte sa ferme et ne perd de vue son clocher qu'avec un douloureux serrement de cœur ; et les plus pauvres monuments de ses campagnes, les calvaires les plus frustes, les chapelles les plus délabrées, conservent son respect jusque dans la poussière de leurs ruines.

Le génie de l'agriculture, une foi profonde au saint du village et surtout un inaltérable attachement au culte des aïeux, sont encore des traits essentiels au caractère du paysan de la Vendée. Il croit en Dieu comme y croyait son père, sans chercher à épiloguer sur sa foi, acceptée comme une consolation et une espérance. Il se fait un devoir de toutes les vertus chrétiennes ; il les pratique avec simplicité, et ne se doute guère qu'ailleurs il en puisse être autrement. Tous les jours, dès l'aurore, il prie Dieu de bénir sa famille, de faire mûrir ses moissons et d'en écarter les orages. Merveilleusement fortifié par sa prière fervente, il sort de sa maison, entouré de ses garçons à qui il distribue avec intelligence tous les travaux de la journée. Pendant que les hommes se livrent avec courage et joyeuseté à la culture de la terre, les plus jeunes femmes, la quenouille au côté, vont garder les troupeaux dans les genêts ou le long des haies ; les autres restent à la maison, font tourner leurs fuseaux, apprêtent les repas, et se mêlent avec diligence et bon cœur de tous les menus détails de l'intérieur : ce sont leurs uniques occupations. Les rudes labeurs leur sont épargnés ; car le bon Vendéen ne croit pas pouvoir entourer de trop de soins et de respect la mère qui l'a nourri de son lait et bercé sur ses genoux, et l'épouse fidèle dont les enfants font la joie et l'espoir de sa vieillesse. Le laboureur cultive seulement le blé nécessaire à sa consommation ; mais de beaux troupeaux de bœufs et de moutons constituent sa richesse et celle du pays.

En aucun temps et en aucun lieu, les idées fécondes de fraternité, d'égalité, de communisme même, n'ont été plus noblement entendues et plus réellement pratiquées que chez les Vendéens. Leurs chefs de famille sont assez dans l'usage de marier leurs enfants dans la même ferme. Maintes fois des affections d'enfance, connues sous le nom touchant d'*amours de catéchisme,* décident d'une vie entière : du berceau à la tombe, elles suffisent pour remplir le cœur. Dans une métairie d'un rapport relativement assez médiocre, il n'est pas rare de voir plusieurs ménages vivre ensemble dans la plus étroite et la plus affectueuse union. Les uns ont un grand nombre d'enfants, d'autres n'en ont qu'un seul ; tous cependant mangent à la même table et partagent également les fruits de la terre. Si les dépenses de ceux-là sont plus grandes, leurs travaux aussi sont plus importants. Les soupçons de la jalousie, le noir poison de l'envie, les disputes du sordide intérêt ne viennent presque jamais troubler cette douce paix. Le but de chacun est le bien général et la prospérité commune.

Le dimanche les travaux sont suspendus : la population entière, en habits de fête, accourt des fermes les plus lointaines au pied des tabernacles du Dieu qui dore les moissons et bénit les troupeaux ; tous sont fiers de sanctifier par la prière le repos du Seigneur. Les saints devoirs remplis, des distractions honnêtes et des divertissements joyeux font oublier les fatigues de la semaine. Les femmes récitent en commun le rosaire, célèbrent dans de pieux cantiques les vertus de la Vierge-Mère et la légende du saint, ou entonnent de longues romances qui n'ont rien que de naïf et de charmant. Les jeunes gens jouent à la boule, ce jeu national du pays ; ou, armés d'un léger fusil, ils parcourent les bois et les champs de genêts, dans l'espoir de signaler leur adresse. — Cet amour de la chasse est général dans la Vendée. Le paysan s'y livrait en commun avec son seigneur. Le curé avertissait au prône du jour que l'on chasserait le loup, le sanglier, le cerf, et personne ne manquait au rendez-vous. — On profite aussi des loisirs du dimanche pour consulter M. le curé sur toutes les circonstances importantes de la vie, et ses avis, dictés par un désir désintéressé du bien, sont toujours suivis comme les meilleurs. Vers le soir, on se réunit près du château, on danse dans la vaste cour, et les *dames* se mettent gaîment de la partie. Puis, quand la nuit arrive, chacun regagne sa demeure.

C'est ainsi qu'avant 1789, l'existence du Vendéen s'écoulait douce, facile, paisible, et partant bien chère, entre le presbytère et le château. Riche des produits du sol, ne demandant rien au commerce et recevant de l'agriculture tout ce qui lui suffisait pour croire s'être accordé le superflu, il vivait sans ambition du présent, sans préoccupation de l'avenir. Chaque paroisse était comme une grande famille dont les nobles étaient les chefs, et les prêtres les conseils (*).

III

Quel besoin avaient ces hommes primitifs des passions que 1789 faisait déborder ? eux qui n'avaient ni oppression à combattre, ni scandale à réprimer ! Que leur apportait la Révolution, pour se faire accepter ? La liberté ? Mais le Vendéen n'avait jamais senti le joug ; il portait son léger fardeau avec aisance et amour : il était l'ami de son maître ; il appréciait et affectionnait son patronage éminemment salutaire. — Que lui parlait-on d'égalité ? D'abord, il entendait à peine ce que le mot voulait dire ; ensuite, il n'était ni plus ni moins que son voisin, et quant à marcher du même pas que son seigneur, sa pensée ne pouvait même y prétendre. — Il connaissait la fraternité : il la pratiquait avec une perfection sublime. C'était l'amour de son prochain, la charité chrétienne que chaque dimanche, au prône de la paroisse, son bon curé lui recommandait avec tant d'amour et dans une si touchante simplicité. — L'affranchissement de la terre, l'émancipation, l'abolition des dîmes, des corvées, le touchaient peu. Son seigneur avait-il des priviléges ? il n'en était pas jaloux, puisqu'il en jouissait avec lui. Il ne possédait pas le domaine qu'il culti-

(*) Plusieurs traits de ce tableau de mœurs sont tirés du charmant petit ouvrage de M. de Quatrebarbes, *Une paroisse Vendéenne sous la Terreur*.

vait ; il le faisait valoir, moyennant un salaire que son maître lui accordait : c'était une part dans la récolte et dans les troupeaux. La Vendée pouvait donc en remontrer à tous les prédicants qui, pour arriver au despotisme ou à la fortune, se firent un marchepied des théories séduisantes de liberté, d'égalité et de fraternité universelles. Longtemps avant que ces mots eussent remué le monde, ils se trouvaient passés chez elle à l'état de faits.

Aussi, la Révolution qui s'agitait dans Paris pour se répandre bientôt jusqu'aux dernières limites de la France, la Révolution, dont les émissaires républicains venaient les entretenir au fond de leurs hameaux, fut d'abord pour les Vendéens quelque chose d'absolument étranger, quelque chose qui se passait loin, bien loin d'eux, et dont ils n'avaient ni pensée, ni souci. Ils s'émurent peu, car jusque là elle ne froissait guère leurs habitudes et ne semblait pas menacer encore les objets de leurs affections. Ils ne songèrent point à s'en servir, parce qu'ils n'avaient aucun reproche à faire à ceux que Dieu avait mis au-dessus d'eux. Ils eussent alors subi, sans beaucoup se plaindre, ces lois nouvelles qui galvanisaient la France et qui n'étaient pas encore la mort ; car si leur effet pour eux était nul, ils pouvaient espérer qu'ailleurs elles porteraient des fruits salutaires. Ce n'est pas contre une prudente application des principes d'égalité et de liberté qu'ils devaient se soulever. Avec son programme primitif, la Révolution leur était quasi indifférente ; ils ne lui devaient point d'amour, parce qu'elle ne leur faisait aucun bien : ils allaient la haïr, parce qu'elle ne devait pas tarder à devenir pour eux la cause de mille vexations. L'abîme invoque l'abîme. Après avoir secoué tout frein et tout droit, s'avilir dans un océan d'infernales débauches et se noyer dans le sang, telle sera la glorieuse destinée de la licence populaire. Alors cette grande réforme, les Vendéens la verront s'avancer vers eux comme un géant terrible qui vient pour amonceler des ruines plutôt que pour vivifier, et ils se roidiront contre elle.

« Un sentiment ennemi de la foi, une surexcitation de l'esprit païen, dit M. de Champagny, a été le souffle qui a poussé la tempête de 1789. » La Révolution était donc satanique par essence. Aussi, la suppression des nombreux et graves abus de l'ancien régime ne pouvait suffire au développement de ses funestes principes, qui allaient à l'anéantissement de tout ce qui jusques alors avait été vénérable et saint.

Pour arriver au succès, la Révolution chercha dans le cœur de l'homme ses meilleurs complices. L'orgueil, l'avarice et la volupté sont trois puissances essentiellement révolutionnaires, c'est-à-dire destructives de tout ce qui s'oppose à l'assouvissement de leurs convoitises : à toutes trois elle voulut présenter des appas. Elle leur promit d'effacer du monde tout ce que les vieux âges avaient fondé pour venir en aide à la faiblesse de l'homme, contenir ses passions et le guider dans les voies de sa destinée. A ses yeux, l'Eglise et l'Etat étaient d'abominables puissances de coercition ; la famille, un obstacle ; la propriété, un instrument suprême de servitude. Le programme révolutionnaire proclamait donc l'affranchissement sans réserve des passions, pour s'assurer une victoire au moins momentanée ; il réclamait, par suite, la destruction radicale de la religion et de la société anciennes. Sur les ruines de ces institutions sacrées, on rêvait l'établissement d'une société impossible et d'une religion infâme : même il n'y aurait plus de religion, mais l'athéisme sans phrase ; le communisme serait la grande loi sociale ; la félicité universelle serait le majestueux *couronnement de l'édifice*.

Alors, sans doute, les Français ne prévoyaient pas encore où tant de décevantes innovations les entraîneraient ; ils se laissèrent conduire, parce qu'on leur promit de les mener à la gloire et au bonheur. Ils se précipitèrent, avec leur impétuosité naturelle, sur la pente rapide, sans songer qu'au bas était l'insondable abîme. Arrêter leur élan eut été difficile.

Pour prévenir ou pallier au moins les funestes effets de la Révolution, pour conjurer le violent orage qui allait anéantir l'antique société française, il eût fallu au timon de l'Etat un homme d'un génie puissant, rapide et inflexible, un homme qui portât bien haut le nom de roi, et qui dirigeât tous les mouvements en ne paraissant que les suivre ; un homme qui fût assez ferme pour soutenir au milieu de la tourmente l'honneur du trône, assez sage pour ne pas laisser aux esprits emportés et extrêmes le loisir et les moyens de se pousser trop loin, qui eût de la souplesse pour manier les caractères, de la dignité pour en imposer, un mélange d'activité et de sang froid, de l'adresse pour diviser, de l'éloquence pour réunir, l'art de tout pénétrer, beaucoup plus encore que celui d'être impénétrable. Il importait qu'il sût calmer les défiances, dissiper les bruits que répandait l'animosité, arrêter avec éclat les démarches les moins dangereuses, prévenir les autres sourdement et en silence, retenir le plus grand nombre par la crainte, les autres par l'intérêt, quelques-uns par la honte, d'autres par l'honneur. Il n'y avait pas une passion, pas un vice, pas une vertu dont il ne dût s'étudier à tirer quelque avantage. En un mot, pour museler le monstre, il eût fallu sur le trône un despote habile. Mais la France du XVIIIe siècle, tarée, impatiente de tout frein, et chez laquelle les misères de l'esprit s'ajoutaient aux maladies du cœur, obéissait à un roi qui l'aimait, à un roi confiant, facile et tendre, à un roi qui désirait trop le bonheur de ses sujets pour leur refuser rien. Bientôt les rôles changèrent : les enfants mutins, après lui avoir arraché par lambeaux son pouvoir, dictèrent impérieusement leurs dures volontés à l'excellent père qui les avait aimés jusqu'à l'excès, et même ils n'eurent point honte de tourner contre lui la verge sanglante dont sa tendresse avait craint de les fustiger. C'est son grand amour pour la France qui a conduit Louis XVI à l'échafaud.

Les novateurs révolutionnaires ne pouvaient songer à rien faire avant d'avoir détruit ce qui existait. A une création nouvelle, il fallait un chaos nouveau. Ils se mirent à l'œuvre, et on les vit menaçant, brisant, renversant tout l'ancien ordre de choses, sous le spécieux prétexte de remettre tout en place par le progrès.

Pour accélérer le règne de la liberté et de l'égalité, la Révolution se hâta de s'attaquer aux priviléges et de déclarer la guerre à la propriété. Les richesses furent méprisées, et l'or devint un *vil métal*.... en théorie. On affecta de confondre dans la même balance les rangs et les devoirs. Une haine stupide fut tout-à-coup mise à l'ordre du jour contre les gentilshommes ; on les appela à sacrifier leurs titres sur l'autel de la patrie, puis on mit le siége devant leurs demeures : c'est qu'aux yeux des novateurs, les châteaux n'étaient pas un amas de pierres, mais la représentation de cette haute position sociale, dont, à défaut de pouvoir imiter les vertus, ils voulaient anéantir jusqu'au souvenir qui fût devenu pour eux un remords vivant. L'incendie commença donc à promener ses ravages. A l'incendie du château succéda la persécution contre la personne du seigneur. On poursuivit les gentilshommes dans les villes; on les accusa dans les clubs ; on les dénonça sur la place publique. Les gentilshommes crurent que ces bruits, que ces menaces n'étaient qu'une bourrasque passagère à laquelle il fallait se soustraire ; et ils émigrèrent pour la plupart, emportant sur le Rhin un drapeau blanc.

La généreuse Vendée refusa de prendre part à ces barbares excès. Elle vit avec peine la ruine ou le départ de ses nobles, dont l'habitude tutélaire était de dépenser leurs revenus au profit de ceux au milieu desquels ils vivaient ; son amour et son respect les suivirent au-delà de la patrie.

La Révolution présenta cet exil des gentilshommes comme un crime, elle le noircit d'atroces calomnies, et y puisa le motif de redoubler ses persécutions. Elle avait bien proclamé le règne de la liberté, mais elle ne sut vivre que par le despotisme le plus absolu et le plus lâche. Elle garda pour elle seule toutes les libertés, elle s'attribua toutes les autorités et celle surtout de l'échafaud, elle fit du crime une loi, et elle n'accorda pas même aux émigrés le droit toujours acquis, toujours incontestable, de défendre leurs propriétés et leurs vies menacées. Pourtant, ce n'est point à celui qui vole et à celui qui tue, de demander raison de la résistance des victimes !

Tout en poursuivant une guerre à outrance contre la propriété, les révolutionnaires eurent assez de fureur pour se tourner encore contre une puissance bien autrement sacrée, la liberté de conscience. L'Assemblée Constituante ne craignit pas de porter la main sur la religion. Elle s'était emparée des biens du clergé ; elle salaria les prêtres. Des évêques et des curés, elle avait fait par ce moyen des fonctionnaires publics : ils devaient, comme eux, être élus par le peuple, et, comme eux encore, prêter le serment civique. Prêter ce serment, c'était accepter la *constitution civile du clergé,* et lui donner la sanction du droit. La grande majorité du sacerdoce français s'y refusa, ne reconnaissant point à des pouvoirs laïques la puissance ni le droit de s'immiscer dans les choses de la foi, et d'envahir le sanctuaire. Les prétendus progressistes exigeaient du clergé ce serment constitutionnel, dans l'espoir qu'à un jour donné il n'y aurait pas plus de prêtres que de nobles sur le sol de France, et qu'après deux ou trois assauts c'en serait fait de la religion. Ils ne songeaient point que les principes et la vérité suscitent sans cesse de vigilants défenseurs et ne meurent jamais. Les prêtres courageux qui refusèrent le serment, furent connus sous les noms de *réfractaires, insermentés* ou *non assermentés* ; les autres prirent celui d'*assermentés*, et ils devinrent les privilégiés de cette Révolution qui abolissait les priviléges. Ceux qui assistèrent à la messe célébrée par le prêtre *assermenté,* s'appelèrent *patriotes*, et infligèrent la qualification infamante d'*aristocrates* à leurs voisins qui persévéraient dans leur attachement à l'ancien culte : comme s'il y avait eu du patriotisme à saper la religion qui avait fêté toutes les gloires et toutes les grandeurs de la France ! Deux partis, deux factions commençaient donc à se former. Mais nulle part la persécution religieuse n'eut un contre-coup plus terrible que dans la Vendée et sur les grèves historiques de la Bretagne.

Dans ces pieuses contrées, la plupart des ecclésiastiques refusèrent le serment. On les remplaça : les paysans leur restèrent fidèles. Plutôt que d'avoir le moindre rapport avec le prêtre assermenté, les Vendéens abandonnèrent leur église, ils y laissèrent l'*intrus* célébrer seul les mystères selon ses rites nouveaux et ses appréciations nouvelles, contents de protester par leur absence contre cette violation de leur conscience d'hommes et de chrétiens. Puis, s'armant au hasard de fusils, de fourches, de faulx, de bâtons, ils allèrent, souvent à plusieurs lieues, entendre la messe que leur vénérable curé disait tantôt sur les genêts qu'ils inonderont de leur sang, tantôt au fond des chaumières que le fer et le feu dévasteront. « Les paysans, dit un historien, en se communiquant sous la foi du secret dans quelle métairie les saints mystères devaient se célébrer à la fête la plus prochaine, se servaient d'une expression pleine d'une simplicité biblique. Ils appelaient ces cérémonies clandestines *donner l'hospitalité au bon Dieu*. Le crucifix de chaque paroisse était, comme dans les jours de la semaine sainte, couvert d'un voile noir, et il semblait que le Christ portait le deuil de son église et de ses ministres. » L'unanimité de la haine contre les *intrus* fut bientôt si complète, qu'une paisible croisade sembla s'être spontanément organisée pour leur rendre impossible l'exercice de leur ministère. Ainsi le curé constitutionnel des Echaubroignes (paroisse de 4,000 âmes) fut contraint de se retirer : on lui refusa du feu pour allumer ses cierges. Dans une autre paroisse, il offrit jusqu'à *cent francs* à un petit *mendiant* pour se faire servir la messe : il en reçut des injures et du mépris.

Les anciens curés, privés de leurs modestes chapelles, ne murmurèrent point contre l'oppression. L'oppression, incompatible avec tout ce qui n'était pas elle, voulut les présenter sous un aspect coupable. A ses yeux, la tranquillité même devint un crime. Considérés donc comme des rebelles et mis hors la loi, les prêtres insermentés furent poursuivis, chassés comme des bêtes nuisibles dans toute la domination républicaine. Beaucoup alors suivirent le torrent de l'émigration, d'autres persistèrent à prodiguer les consolations religieuses à leurs ouailles chéries ; mais en se cachant avec de minutieuses précautions, plutôt prises, il est vrai, dans l'intérêt de la paix publique, que dans celui de leur conservation personnelle. En Vendée, la plupart restèrent : il eut été si cruel de s'arracher à l'affection de ces fidèles paroissiens ! Ils se cachaient dans le Bocage, ils se dispersaient dans les bois, et, par les plus affreuses privations, par la fuite, les dangers de tous genres, la maladie, ils faisaient l'apprentissage du martyre. Tandis que l'inquisition conventionnelle les recherchait, leurs paroissiens allaient, au péril de leur vie, leur porter à manger, les consulter, et recevoir de leur bouche et de leurs mains les paroles et les secours de la religion sainte, qui semblait exilée avec ses ministres fidèles dans les forêts, et, pour ces braves gens, n'être plus dans les églises qu'avilissait un prêtre parjure. « Rends-moi les armes et tu es sauvé, » criait un soldat républicain à un de ces paysans, surpris en allant voir son pasteur. « Et toi, rends-moi mon Dieu ! » répliqua le paysan, et il expira. Parfois la rage impie des niveleurs se ruait sur les objets mêmes du culte : les temples et les choses saintes étaient indignement profanés, les chapelles renversées, les croix des chemins brisées. Au vandalisme on joignait des prédications infâmes : les prêtres étaient des imposteurs, la religion un mensonge, et ceux qui la protégeaient, c'est-à-dire le roi et les nobles, les ennemis de la patrie.

Dans un pareil état de choses la paix était difficile, et pourtant elle se maintenait encore ; mais c'était une paix inquiète, que les Vendéens achetaient par toutes sortes de sacrifices. C'est à peine si à de rares intervalles et dans des localités sans communication les unes avec les autres, on aperçoit fermenter quelques faibles germes de soulèvements ; à peine si à ces bons curés tant estimés, tant aimés, certaines paroisses accordent les honneurs d'une résistance armée dont ils étaient les premiers à repousser l'idée. Il y a au fond du caractère des paysans vendéens un instinct qui s'oppose aux bruyantes démonstrations, une longue patience qui retient et modère les élans. Ils espéraient du reste n'avoir à souffrir qu'un inconvénient momentané, et leurs chers curés donnaient les premiers un touchant exemple de résignation. Mais dès lors la Révolution, loin de leur apparaître comme une ère d'affranchissement et de progrès, ne fut plus à leurs yeux que le règne brutal de la haine et le despotisme du mal.

De temps immémorial, les pieux monarques français s'honorèrent du titre de *Fils aîné de l'Eglise*. Les premiers ils étaient entrés dans son giron et ils la protégèrent toujours, moins pour affermir leur trône,—ils l'ont bien prouvé depuis,—que pour concourir à la propagation de la foi et à la correction des mœurs. La royauté empruntait à la religion ce qu'il y avait de plus grand, de plus auguste dans son prestige. Et ne faisait-elle pas reposer sur le *droit divin* le fondement de toute sa puissance ? Une alliance intime et aussi vieille que la monarchie unissait donc la religion à la royauté ; renverser l'une, c'était renverser l'autre.

D'ailleurs la religion abolie, tout droit disparaît et la souveraineté n'est plus qu'une divinité sans asile, exposée au milieu des ruines, aux outrages de toutes les ambitions. Le 21 janvier 1793 tua le roi, mais l'anéantissement de la religion avait déjà tué la monarchie, et la République avait été prolamée sans résistance le 21 septembre 1792.

Le jour de l'holocauste du roi-martyr, il s'appesantit sur l'intelligence de la France quelque chose de ces ténèbres qui couvrirent Jérusalem à la mort du Juste. La grande nation parut un instant n'avoir plus d'énergie que pour le crime, et de goût que pour les opprobres de la guillotine. La vertu craignit de se faire connaître. On ne fut plus vraiment grand qu'en face de la mort, au pied de l'échafaud ou sur le champ de bataille. Paris ruisselait de sang ; les provinces imitaient Paris. De tous côtés pullulaient les mesures les plus illégales, les plus tyranniques, les plus inhumaines, souvent les plus infâmes. On avait des éloges pour les cruautés réfléchies, et, comme aux jours de Sylla, des récompenses pour les lâches délateurs. La Terreur régnait, et ses redoutables faisceaux étaient les proscriptions et l'échafaud en permanence. On eût dit que le cours des âges avait ramené les siècles horribles de persécutions avec un attirail de tortures plus barbares encore. C'était une débauche de sang. Les persécutions nouvelles enfantèrent, comme autrefois, des martyrs ; l'odeur de leur sang monta avec leurs prières jusqu'au ciel : le ciel aura pitié de son église et de la France. Le sang des martyrs fera bientôt germer des chrétiens, mais des chrétiens qui, cette fois, ne consentiront à mourir qu'après avoir vaillamment combattu. Eux aussi ils triompheront dans la mort. Avec les splendeurs de la religion l'ordre et la morale renaîtront et la patrie sera sauvée.

La Vendée frissonna d'horreur et d'indignation à la nouvelle de la mort de son roi. Verser le sang du roi ! mais c'était pour elle ouvrir les veines de la patrie, car on ne lui avait pas appris encore à séparer ces deux mots dans son cœur. Le roi était comme la personnification de la France. Elle avait grandi sous les fils de Saint-Louis des barrières de la ville de Laon jusques au Rhin, à l'Océan, aux Alpes, aux Pyrénées. Elle avait tout partagé avec cette grande race, ses gloires comme ses douleurs. Ses souverains ont transmis leurs noms avec des titres que la postérité a reconnus authentiques : les uns sont appelés *auguste*, *saint*, *pieux*, *grand*, *hardi*, *sage*, *courtois*, *victorieux*, *bien-aimé* ; les autres, *père du peuple*, *père des lettres*, *etc*. Sous la famille royale les ténèbres de la barbarie se dissipent, la langue se forme, les lettres et les arts produisent leurs chefs-d'œuvre, nos villes s'embellissent, nos monuments s'élèvent, nos ports se creusent, notre commerce fleurit, l'agriculture se répand, nos armées étonnent l'Europe et l'Asie, nos flottes couvrent les deux mers et portent jusqu'aux plus lointains parages le nom et les bienfaits de la France. Et quand le sang de nos rois cessa de couler pour notre bonheur et notre gloire, il coula pour notre salut. Ah ! combien dut peser dans la balance de la justice éternelle, le martyre de Louis XVI. Le jour de son trépas fut celui de son triomphe. Il avait retrouvé un trône sur l'échafaud.

La pieuse Vendée vit dans la mort du roi un autre attentat auquel elle fut plus sensible encore. Le roi, elle le regardait comme l'image de Dieu sur la terre, comme le plus ferme appui de sa religion aimée, comme le représentant de la justice et de la puissance du ciel ici-bas, et son catéchisme lui ordonnait de l'honorer. La mort du roi était donc un honteux et cruel outrage de plus lancé contre la religion et contre Dieu. *Dieu et le roi!* sera le cri de guerre de la Vendée, car Dieu et le roi se confondaient, ne faisaient qu'un dans les affections de son âme profondément chrétienne. Elle combattra au nom de la religion, sous le drapeau du roi.

La Révolution avait enfin mis le comble aux ressentiments et aux douleurs des paisibles Vendéens ; elle avait épuisé jusqu'à leur inépuisable patience. Tant de vexations, tant d'opprobres, tant de tyrannies, tant de lâches insultes à leurs affections, à leurs libertés, à leur foi religieuse, à tout ce qui leur était sacré, les avaient poussés au désespoir et jetés dans une épouvantable exaspération. Ils étaient las d'être assiégés par le fer, par des prédications insensées par l'athéisme. Une sourde colère s'empara d'eux; l'insurrection germa dans tous les cœurs ; ils se tinrent prêts à la lutte et à la plus juste vengeance. La situation était pleine d'incertitudes inquiètes et pénibles ; les choses en étaient venues à ce point où il suffit d'une légère étincelle pour allumer un vaste incendie : l'étincelle tombera.

Ce ne sont pas les prêtres, ce ne sont pas les nobles qui furent les promoteurs de la grande insurrection, ce ne sont pas eux qui firent la Vendée ce qu'elle a été. « La Vendée est devenue militaire sans eux, elle les a entraînés sur ses glorieuses traces. Ils l'ont courageusement suivie. C'est la part qui leur revient dans cette sublime idée d'insurrection (*). » C'est là une vérité historique aujourd'hui clairement démontrée, une vérité contre laquelle ne s'élèveront plus les esprits sérieux, mais qu'il faut pourtant redire toujours, pour réduire au silence les préjugés ou les calomnies révolutionnaires.

Et d'abord la royauté doit être mise ici tout-à-fait hors de cause. La Vendée n'a jamais vu les rois dont elle soutenait les droits en même temps qu'elle versait son sang pour la religion : l'un était mort sur l'échafaud, l'autre dans les fers ; le troisième errait exilé sur la terre. Du reste, elle ne s'est point soulevée alors qu'on enlevait au roi son pouvoir, alors qu'il allait au matyre et qu'on déportait au Temple la famille royale.

On sait déjà la résistance toute silencieuse du vénérable clergé vendéen. Lorsqu'il vit que les persécutions dont il avait été d'abord seul l'objet, menaçaient d'étendre leurs ravages terribles sur le troupeau confié par Dieu à sa garde, sa tendre sollicitude s'alarma, et il émigra avec plus de hâte ou se cacha avec des précautions plus scrupuleuses, attendant ce qu'il plairait à la Providence de décider. La Vendée se contenta presque entièrement de prodiguer à ses bons curés, en échange de leurs prières, les aumônes de son pain, de ses retraites hospitalières ou de ses sombres refuges. Quand le vase d'amertumes débordera, quand la Vendée concevra spontanément l'héroïque résolution de se précipiter dans les combats pour repousser la violence par la violence, lorsqu'elle courra à la conquête de ses libertés méconnues, de son bonheur perdu

(*) Crétineau-Joly, *Hist. de la Vendée militaire*, t. I.

et de sa religion proscrite ou avilie, les prêtres sanctifieront un mouvement qu'ils n'avaient pas songé à exciter, et leurs soins paternels suivront les paroissiens fidèles sur tous les champs de bataille, parmi toutes les horreurs de la guerre. Telle est la part de gloire que l'historien peut accorder au clergé de la Vendée, dans ces luttes gigantesques.

Les nobles, la Vendée les aimait beaucoup, elle les aimait immensément : elle n'avait reçu d'eux que des bienfaits ; mais elle refusa de s'insurger lorsqu'ils cherchèrent à l'entraîner à leur suite.

C'était en 1792. Sur tous les points à la fois, l'avenir apparaissait se chargeant de sombres nuages. Ceux des gentilshommes de l'Ouest qui n'avaient point quitté le sol de la patrie, jugeant de loin les événements qui se préparaient, cherchèrent, au nom de la noblesse persécutée, de l'indépendance ménacée et de la monarchie gravement compromise, à se réunir contre l'ennemi commun, à faire corps, et à mettre à profit leur ascendant immense sur les paysans, pour les appeler autour d'eux à l'heure favorable. La Confédération poitevine s'organisa promptement ; le marquis de La Rouërie, génie habile, adroit et courageux, en était l'âme. Les gentilshommes ne ménageaient rien pour s'assurer le succès, et ils espéraient tout de la fidélité de leurs paysans. Les paysans demeurèrent sourds à leurs voix chéries ; ils résistèrent. Les habiletés diplomatiques de La Rouërie et la Confédération, avec son enthousiasme de gentilshommes, ne produisirent aucun élan et périrent sans fruit.

Ce n'était pas à des moyens tout humains, que tant de gloire était réservée.

Ce que les prêtres n'avaient jamais tenté ni espéré, ce que les nobles n'avaient pu mener à bien, ce que la Révolution était loin de prévoir, deux pauvres paysans le feront, deux paysans obscurs qui ne se connaissent pas, qui jamais ne se sont rencontrés, et qui agiront à l'insu l'un de l'autre : Cathelineau, un colporteur de laine, et Stofflet, un garde-chasse, vont d'un seul coup graver leurs noms en lettres d'or au temple de mémoire. Une inspiration plus haute que toutes les adresses diplomatiques, plus entraînante que les prédications les plus exaltées, plus sûre que les conspirations les mieux ourdies, révèlera à Cathelineau et à Stofflet tout ce qu'il y a de puissance et de courage sensible au cœur de la Vendée, et ils sauront vite s'emparer du chemin de ce cœur. Au premier cri de guerre poussé par eux, des rives de la Loire, des portes de Thouars, de Bressuire, de Parthenay, de Luçon aux bords de l'Océan, la population entière se lèvera pour vaincre ou pour mourir. Au même jour, presque à la même heure, sur tous ces points différents, la race entière des *géants* (*) sera debout, prête à enfanter ses miracles ; et pourtant il n'y aura ni plan, ni complot, ni secrètes intelligences, ni même espoir positif. C'est avec des paysans simples, sans éducation, sans ressources et sans armes, que s'est faite la Vendée, qu'elle s'est faite redoutable, grande, sublime, immortelle; mais ces paysans étaient de vrais chrétiens.

Plus tard, ces laboureurs transformés en héros et vingt fois déjà couronnés par la victoire, viendront chercher dans les châteaux ces mêmes nobles qu'ils n'ont pas voulu suivre d'abord ; et oubliant, avec une modeste et touchante simplicité, leurs impérissables triomphes de la veille et leurs succès du jour, ils les supplieront de leur apprendre la guerre, ils s'en feront des chefs, des frères d'armes et des rivaux de gloire. C'est ainsi que les d'Elbée, les Bonchamps, les La Rochejaquelein, les Charette, seront tirés des habitations où ils vivaient dans la retraite, et viendront se ranger à côté des Cathelineau et des Stofflet triomphants.

Ayant sur la frontière l'Europe à combattre, l'Europe qui apportait un appui douteux à la monarchie, la Convention, par un décret rendu le 24 février 1793, ordonna une levée immédiate de trois cent mille hommes.

La Vendée consulte sa conscience ; elle s'alarme. Le gouvernement pour lequel on lui demande son sang, sa vie, elle l'a en horreur : c'est celui qui persécutait ses maîtres, ses prêtres, qui venait de tuer son roi, et qui, surtout en chassant la religion, l'atteignait jusqu'au plus profond de son être. Aux yeux des

(*) Napoléon a témoigné de sa profonde admiration pour l'héroïsme des Vendéens, en appelant leur guerre *la Guerre des géants*.

paysans vendéens, obéir au décret du pouvoir révolutionnaire, c'est consentir à toutes ses usurpations ; c'est cimenter de son sang un ordre de choses qu'ils n'ont point faites et que leurs âmes chrétiennes repoussent ; c'est légitimer les hideux attentats commis contre Dieu et contre son culte. Les haines amassées en silence et longtemps comprimées, prennent le caractère de haines saintes. Alors la résolution est vite prise : la désobéissance est un devoir, et la lutte une nécessité. Forcés de prendre les armes quand même, les paysans aiment mieux se battre contre la République impie, que pour elle. La Vendée ne saurait transiger avec sa conscience. Conscience ! conscience ! instinct divin, immortelle et céleste voix, guide assuré de l'âme ignorante et bornée, mais intelligente et libre, juge infaillible du bien et du mal, qui rends l'homme semblable à Dieu, c'est toi qui fais l'excellence de sa nature et la moralité de ses actions, c'est toi qui fais tout ce qu'il y a de grand et de bon dans l'univers, c'est toi qui as créé l'héroïque et sainte Vendée.

Dans tous les chefs-lieux de canton du département de Maine-et-Loire, le tirage au sort des nouvelles recrues avait été fixé au 10 mars. Deux jours après, Cathelineau et Stofflet lèvent l'étendard de la révolte, ils ont chacun une armée et ils volent à la victoire. Ici commence la guerre des géants, la grande épopée vendéenne.

« La Vendée, dit dans ses *Mémoires* Napoléon qui se connaissait en choses extraordinaires, la Vendée n'a point combattu sous l'étendard royal ; son armée s'est proclamée *Armée Catholique* : elle s'est levée sous l'étendard de la foi. » Un autre génie dont la France moderne s'honore à juste titre, a écrit quelque part : «La guerre de la Vendée fut dès le premier jour une guerre de conscience.... L'émigration s'armait pour le roi et pour l'aristocratie, la Vendée pour Dieu (*). »

Cet aveu fut arraché même au fanatisme philosophique des ennemis de la Vendée. Dès 1791, le pourvoir exécutif, dans un but de conciliation peut-être, avait envoyé dans ce pays, en qualité

(*) A. de Lamartine, *les Girondins.*

de commissaires, deux hommes de talent encore obscurs : l'un d'eux était Gallois, et l'autre Gensonné, qui peu après devait acquérir une grande réputation et mourir avec les Girondins. Gallois et Gensonné sont sur les lieux, ils voient le mouvement, ils le comprennent ; mais l'histoire doit leur reprocher de n'avoir presque rien fait pour calmer les colères. Ils ont en main le pouvoir, ils l'exercent contre les paysans ; ils menacent le peuple pour le contraindre de renoncer à sa foi ; ils sont arrivés dans l'Ouest avec des préventions contre le clergé, et néanmoins voici le tableau de la situation des esprits, qu'ils tracent dans leurs rapports officiels à l'Assemblée Constituante :

« L'époque de la prestation du serment ecclésiastique a été, pour le département de la Vendée, la première époque de ses troubles. Jusqu'alors le peuple y avait joui de la plus grande tranquillité.... Pour ces pauvres paysans des campagnes, l'amour ou la haine de la patrie consiste aujourd'hui, non point à obéir aux lois, à respecter les autorités légitimes, mais à aller ou ne pas aller à la messe du prêtre assermenté. »

Et ailleurs :

« Arrivés à Châtillon, nous fîmes rassembler les cinquante-six municipalités dont ce district est composé ; elles furent successivement appelées dans la salle du Directoire. Nous consultâmes chacune d'elles sur l'état de sa paroisse ; toutes les municipalités énonçaient le même vœu. Celles dont les curés avaient été remplacés nous demandaient le retour de ces prêtres ; celles dont les curés non assermentés étaient encore en fonctions nous demandaient de les conserver. Il est encore un autre point sur lequel tous ces habitants des campagnes se réunissaient : c'est la liberté des opinions religieuses qu'on leur avait, disaient-ils, accordée, et dont ils désiraient jouir. Le même jour et le jour suivant, les campagnes voisines nous envoyèrent de nombreuses députations de leurs habitants pour réitérer la même prière. Nous ne souhaitons d'autre grâce, nous disaient-ils unanimement, que d'avoir des prêtres en qui nous ayons confiance. Plusieurs d'entre eux attachaient un si grand prix à cette faveur, qu'ils nous assuraient qu'ils payeraient volontiers pour l'obtenir le double de leurs impositions.....

« Nous devons dire que ces mêmes hommes, qu'on nous avait peints comme des furieux, sourds à toute espèce de raison, nous ont quittés l'âme remplie de paix et de bonheur, lorsque nous leur avons fait entendre qu'il était dans les principes de la Constitution nouvelle de respecter la *liberté des consciences.* »

Deux ans plus tard, l'athéisme, passé religion légale avec le bourreau pour pontife suprême, sanctionnait les promesses faites aux paysans. Ils apprenaient comment la Révolution savait se jouer de sa parole et de leur crédulité.

Aux premiers jours de l'insurrection, les autorités *patriotes* de l'Ouest, pour tâcher de concilier au nouvel ordre de choses les affections, rédigèrent une adresse *aux habitants des campagnes.* La levée en masse ayant été l'occasion saisie par la Vendée pour commencer la guerre, les patriotes affectèrent de la regarder comme l'unique cause du soulèvement et ils offrirent aux *frères égarés* (aux Vendéens) de concilier facilement leurs intérêts avec ceux de la milice, s'ils consentaient à déposer les armes. Les *frères égarés* répondirent par un éloquent manifeste où le véritable motif de leur prise d'armes se trouve présenté d'une façon remarquable:

«..... Rendez à nos vœux les plus ardents nos anciens pasteurs, ceux qui furent dans tous les temps nos bienfaiteurs et nos amis, qui partagent nos peines et nos maux, nous aident à les supporter par de pieuses instructions et par leur exemple. Rendez-nous avec eux le libre exercice d'une religion qui fut celle de nos pères, et pour le maintien de laquelle nous saurons verser jusqu'à la dernière goutte de notre sang.

« Telles sont nos principales demandes...

« Vous nous parlez de chefs qui nous égarent. Nous ne reconnaissons de chefs que l'amour de notre sainte religion, de la justice et d'une sage liberté..... »

Partout dans l'histoire de la Vendée, dans les adresses, dans les proclamations, dans les encouragements des chefs, et surtout dans le fameux traité de la Jaunais conclu d'abord entre la République et Charette, et plus tard signé aussi par Stofflet, les mêmes vœux se rencontreront exprimés avec cette netteté et ce courage.

« J'ai toujours servi Dieu avec piété; *j'ai combattu et je meurs pour lui.* J'ai vu souvent la mort de près et je ne la crains pas;

je vais au ciel avec confiance, » dira à sa jeune compagne le valeureux de Lescure étendu sur son lit de mort. » — « Je jure sur mon honneur, affirmera quelques heures avant d'être fusillé, le généralissime vendéen d'Elbée au général républicain Turreau, je jure sur mon honneur que, quoique je désirasse un gouvernement monarchique, je n'avais aucun projet particulier, et j'eusse vécu en citoyen paisible sous tout gouvernement qui eût assuré ma tranquillité et le libre exercice de la religion que je professe. » Nous verrons le général Stofflet commander lui-même la fusillade qui mettra fin à ses jours, en poussant le cri touchant de : « Vive la religion ! vive le roi ! (*) »

De telles paroles repoussent tout commentaire ; elles indiquent bien complètement à elles seules dans quel but la Vendée prit les armes.

(*) Ces quelques pages devant être détachées du reste de l'ouvrage et paraître d'abord séparément, je donne ici par avance le récit de la mort de Stofflet. C'est le meilleur moyen de faire juger de suite mon héros.

On vient d'entrer en l'année 1796. Le général républicain Hoche dépense toutes les ressources de son esprit et de son armée pour en finir avec l'insurrection vendéenne toujours renaissante de ses ruines.....

A tout prix il lui faut la tête de Stofflet. Il croit qu'un régiment entier n'est pas de trop pour se saisir d'une telle proie, et il attache en effet à la poursuite du redoutable Vendéen un régiment qui a mission exclusive de le rechercher. Stofflet est traqué comme une bête fauve; on le suit pas à pas.

Sur ces entrefaites, l'abbé Bernier, dont la remuante ambition se ménageait alors des intelligences en tous lieux et dans tous les camps, indique à Stofflet un rendez-vous où il l'attendra pour lui communiquer des avis importants.

Le 15 février, le général, escorté de cinq ou six de ses amis, arrive le soir à la métairie de la Saugrenière, que son éloignement de toute habitation et de tout chemin avait fait choisir comme le lieu le plus favorable pour tenir conseil... A deux heures du matin la conférence se termine. Stofflet, sans défiance aucune, se décide à passer la nuit dans cette retraite ; mais entre trois et quatre heures, on entend quelque bruit à la porte de la maison. C'est un détachement républicain commandé par un nommé Loutil. Il cerne la métairie où se trouvent désarmés, sans défense, le général Stofflet, le baron de Lichteningen, son aide-de-camp, Coulon, son secrétaire, un envoyé de Bretagne et trois domestiques. Loutil enfonce la porte ; on s'élance sur le général qui saute à bas de son lit, et se bat sans armes contre les

En m'efforçant de démontrer que c'est le sentiment religieux qui a donné aux Vendéens la force surnaturelle qui les poussa à ces fameux combats que Napoléon appelait la *guerre des géants*' j'ai dit une vérité que toute la suite des événements viendra corroborer. Et en effet, c'est toujours sous l'influence de la religion que leurs diverses destinées s'accomplissent. On les verra, dans les divers événements que j'essayerai de raconter, mourir en héros chrétiens sur les champs de bataille, ou en martyrs sur l'échafaud. Et malgré des malheurs sans nombre et des défaites accumulées, ils ne se soumettront complètement que le jour où l'Eglise sera libre, où le chef de l'Etat, s'inclinant devant la toute puissance de Dieu, rendra à la religion ses splendeurs et une existence officielle. C'est là la grande, l'immortelle victoire de la Vendée, et c'est pour elle que s'armèrent et moururent ses valeureux enfants.

républicains. Voyant sa mort certaine, il veut au moins la leur faire payer chèrement; il se défend avec le courage du désespoir; il semblerait qu'il souhaite dépenser dans cette lutte dernière tout ce qui lui reste de vaillance et d'énergie ; il porte autour de lui des coups terribles et multipliés. Déjà il s'est débarrassé de trois de ses ennemis. Sa force prodigieuse et sa bravoure vont peut-être l'arracher à une mort certaine, lorsque, atteint de plusieurs coups de baïonnette dans le corps et sur les bras, il est frappé à la tête d'un coup de sabre qui lui abat la peau du front sur les yeux. Il chancelle ; il est forcé de succomber sous les efforts redoublés des assassins, il tombe. Ses ennemis le saisissent, le serrent à la gorge, et un cri de *Vive la République!* poussé par Loutil et par ses soldats, annonce à ses compagnons d'infortune que Stofflet est au pouvoir des Bleus. Coulon et l'envoyé de Bretagne avaient eu la présence d'esprit de se cacher au milieu du tumulte.

Dépouillé alors de ses vêtements, qu'une semblable lutte avait ensanglantés, Stofflet est couvert d'une mauvaise blouse; on le traîne pieds nus jusqu'à Angers. Là il comparait devant le tribunal révolutionnaire; à côté de lui sont assis, comme accusés, le baron de Lichteningen et Moreau, son fidèle domestique, à peine âgé de vingt ans, qui à la liberté qu'on lui offre préfère la mort partagée avec le général.

Stofflet, devant ses juges, ne dément point sa fermeté; ce caractère si vigoureusement trempé ne se laisse abattre ni par les souffrances cruelles de ses blessures, ni par l'aspect de l'inévitable mort qui l'attend. Il refuse d'abord de répondre aux questions que le tribunal lui adresse; il ne décline même pas son nom; mais lorsqu'on lui demande raison de sa défense obstinée contre les soldats chargés de son arrestation : « Parce que j'aimais mieux mourir sous leurs coups

Sans doute, il y avait au cœur de la Vendée de la haine pour les persécutions organisées contre le clergé et la noblesse, qui ne lui présentaient que des modèles de vertu et de bonté, et qui protégeaient tous ses intérêts ; elle n'a donc pu les voir souffrir sans être bien aise de saisir l'occasion de les venger ; mais on ne saurait trop le redire, les Vendéens ne songèrent point à leurs avantages personnels ; ils furent guidés par une inspiration plus forte et plus noble que toutes celles d'ici-bas, car dans leur cœur il y avait une pensée dominante, impérissable : *Dieu et le Roi !* le roi comme la personnification du pouvoir divin sur la terre et allié intime de la religion. Ainsi seulement on peut s'expliquer ces prodiges de valeur qui ont étonné l'univers et fait de la Vendée une pépinière de héros. Armés de leurs convictions, pour le triomphe desquelles leur abnégation et leur dévouement ne connaissaient pas d'obstacles, ces combattants improvisés, sans discipline, sans fusils, ne regardaient la mort que comme un accident dont ils ne s'occupaient pas, puisqu'après elle ils entrevoyaient leur récompense au ciel, et léguaient à leurs enfants le soin de marcher sur leurs traces. « Plus la mort est violente, plus ils se

que de vous donner l'honneur de me juger et le plaisir de me condamner ! » dit-il, et il y avait sur sa physionomie une expression d'orgueil et dans son geste un calme méprisant dont ses juges furent atterrés. La condamnation à mort était immanquable. Stofflet, ayant Lichteningen et Moreau à ses côtés, marche au supplice avec toute l'impassibilité qu'il montrait dans les combats. Le peloton charge ses fusils. Stofflet, debout, calme comme dans un jour de triomphe, contemple ces funestes préparatifs. Prêts à le fusiller, les soldats veulent lui bander les yeux : « Un général Vendéen, dit-il, repoussant le bandeau de sa main mutilée, n'a pas peur des balles ! » Il porte la main sur son cœur, promène sur ses bourreaux un noble regard qu'il lève ensuite vers le ciel, puis il commande le feu en s'écriant d'une voix aussi ferme qu'aux jours où il célébrait la victoire : « Vive la religion ! Vive le roi ! » C'était le 23 février 1796.

L'abbé Bernier, au moment même où le conseil terminait sa délibération dans la métairie de la Saugrenière, disparut. Où se rendit-il ? Que fit-il dans cette nuit fatale ? C'est le secret de Dieu. Mais alors on se rappela qu'il en avait agi ainsi après avoir surpris l'arrêt de mort de Marigny, et on ne craignit pas de l'accuser assez hautement d'avoir livré celui qui, commençant à démêler ses trames ambitieuses, paraissait ne plus vouloir subir son joug et derrière lequel il ne pouvait plus se cacher !

croient méritants. Mourir est pour eux, disent-ils, le commencement du bonheur. » Tel est le témoignage du général républicain Berruyer, dans un de ses rapports adressés à la Convention.

Cette piété intime et profonde a été appelée fanatisme par de prétendus esprits forts qui, ne pouvant comprendre tant d'énergie et de loyauté, ont essayé de calomnier la source où la Vendée puisa son généreux élan. Misérables pygmées, infimes élèves du froid et désespérant athéisme, dont l'intelligence est obscurcie par les passions et le cœur desséché par les vices hideux, ah ! ne cherchez pas à ravaler à votre niveau le sublime qui vous fait envie, parce que vous ne sauriez l'imiter. Votre guerre à tout ce qui est grand et noble, ne fait qu'accuser davantage votre impuissance et votre honte.

Le Vendéen suivra au combat l'antique et glorieux drapeau blanc aux fleurs de lis, comme signe de ralliement ; mais il portera avec une noble fierté sur sa poitrine un scapulaire, une croix, un sacré-cœur ; il passera autour de son cou le chapelet dont chaque jour il roule les grains entre ses doigts, et s'il rencontre par hasard sur le champ de bataille un modeste calvaire sauvé de la destruction, il oubliera les balles qui sifflent autour de sa tête et les boulets qui grondent, pour s'agenouiller et faire sa prière. Tels les preux chevaliers des croisades avec leurs bannières et leurs croix rouges. Ils ne couraient point à la mort comme les bêtes des bois, sans penser à Celui qui nous a donné nos jours pour les sacrifier, quand il le faut, à l'honneur, à la conscience et à la patrie. La prière prononcée sous les armes n'était point réputée faiblesse ; car le Vendéen qui élevait son épée vers le ciel demandait la victoire, et non pas la vie.

Après un demi-siècle passé de bouleversements politiques, la Vendée est restée ce qu'elle était auparavant, elle est restée chrétienne et catholique ; les fils de ses héros n'ont point menti au passé de leurs pères ; elle restera toujours le pays du dévouement et du devoir.

Malheur au peuple qui courberait la tête sous le joug du crime, conclura pour nous le comte de Quatrebarbes, et verrait tranquillement briser tous les liens qui l'attachent au passé, renverser sa religion et sa constitution antique, traîner à l'échafaud ses rois, ses prêtres, ses meilleurs citoyens, baigner de sang la terre natale, proscrire la science, la richesse et la vertu, et faire l'apothéose de tous les forfaits, sans qu'un seul de ses enfants tirât l'épée et ne protestât par sa mort contre ce triomphe momentané du génie du mal. S'il en était ainsi, il faudrait à jamais désespérer de la patrie, et l'esclavage n'aurait pas de chaînes assez pesantes. Grâce à Dieu, en France il n'en fut pas ainsi ; lorsque l'anarchie, levant sa tête hideuse, voulut mettre à la place de cette grande civilisation chrétienne des ruines sanglantes et la confusion du chaos, la Vendée entière se leva pour vaincre ou pour mourir. Certes, le sacrifice fut grand, mais il ne fut pas stérile. Comme dans les premiers siècles du Christianisme, le sang innocent fit germer des héros et désarma la colère de Dieu. De l'ouest à l'est, du midi au nord s'opéra cette grande réaction morale qui força Napoléon, au faîte du pouvoir, de conserver le catholicisme en France. Du jour où s'accomplit ce fait qui dominait tous les autres, la guerre de la Vendée fut terminée. La France lui dut ses temples ouverts, ses autels rétablis et sa réconciliation avec le ciel ; et quoique aujourd'hui les siècles de la chevalerie soient passés, elle lui devrait encore son salut, si jamais des commotions impies renouvelaient le temps des persécutions religieuses. Non, la Vendée n'est pas morte, comme le proclament avec joie ses ennemis ; il est vrai qu'après tant de malheurs, de déceptions et d'espérances trompées, les événements politiques ne peuvent plus guère qu'agiter sa surface ; mais si et Dieu en préserve la France ! les mêmes circonstances étaient réunies ; si, comme en 1793, la Vendée se trouvait placée entre l'apostasie et l'échafaud, son choix serait bientôt fait. Evoquant de nouveau le souvenir de ses triomphes, elle se lèverait glorieuse et grande, et trouverait cette fois encore des Cathelineau, des La Rochejaquelein, des d'Elbée, des Lescure, des Bonchamp et des Stofflet pour marcher à la tête de ses enfants victorieux.

www.ingramcontent.com/pod-product-compliance
Lightning Source LLC
LaVergne TN
LVHW021714230826
846091LV00006BA/2174

* 9 7 8 2 0 1 2 4 7 0 0 1 9 *